©2020 Arianna Squilloni, texto | ©2020 Olga Capdevila, ilustración | ©2020 A buen paso
www.abuenpaso.com | Diseño gráfico: Estudi Miquel Puig | Edición: Raquel Martínez Uña
Impreso en España por Índice, SL | ISBN: 978-84-17555-39-9 | Depósito legal: B 15333-2020
Todos los derechos reservados

ARIANNA SQUILLONI   OLGA CAPDEVILA

EL LIBRO DE LOS SALUDOS

abuenpaso

ciao!

Querido lector, te digo *ciao* porque soy italiana y en este libro veremos cómo se saludan las personas en distintos lugares y en distintas culturas del mundo. En sus páginas encontrarás formas de saludo que te parecerán de lo más normales, y otras que probablemente te costará creer.

Tomo los ejemplos de mi experiencia, de los idiomas que he estudiado y de palabras que me han dicho amigas y amigos; los tomo de mis lecturas presentes y pasadas, de libros que he buscado adrede para escribir este texto, pero también de todos los demás libros que he leído a lo largo de mi vida.

Me interesa ver qué es lo que le decimos a otra persona cuando nos topamos con ella, sea desconocida o no. Reflexionar sobre la manera en que rompemos el hielo y empezamos a hablar con alguien que pasaba por allí o que hemos ido a ver expresamente.

¿Cómo llamamos su atención? ¿Qué le deseamos?

Las fórmulas de saludo son fascinantes porque se han ido plasmando a lo largo de una historia de miles de años. Más allá de su significado práctico, vehiculan lo que pensamos de los desconocidos, transmiten la visión que tenemos de los seres humanos, de lo que cuenta a la hora de estar con otra persona, de lo que pensamos acerca del lugar que cada uno ocupa en este mundo.

¡Prepárate a emprender un gran viaje! Podrás seguir el recorrido que te propongo, pero podrás también decidir empezar en cualquier etapa, quedarte en cada tramo del trayecto todo el tiempo que desees. ¡Espero que lo disfrutes!

NUESTROS CAMINOS SE ENCUENTRAN

Hola y *hello*, dos de los saludos más comunes en el mundo, comparten origen y muy probablemente se relacionan con una palabra del alemán antiguo: *halâ* u *holâ*, es decir: «¡Trae!» o «¡Ven!». Esta expresión se empleaba para saludar a un barquero, para llamar su atención.

Y de esta misma manera se empleó **hello** en inglés hasta que, gracias a la predilección de Thomas Alva Edison, esta palabra se transformó en una de las formas de saludo más conocidas. Sí, porque Edison, una de las personas que —junto con Antonio Meucci y Alexander Bell— inventaron el teléfono, decidió que, nada más descolgar el receptor, para asegurarse de que había alguien al otro lado, diría: **«Hello!»**.

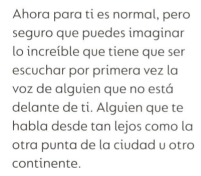

Ahora para ti es normal, pero seguro que puedes imaginar lo increíble que tiene que ser escuchar por primera vez la voz de alguien que no está delante de ti. Alguien que te habla desde tan lejos como la otra punta de la ciudad u otro continente.

En 1880, en la primera convención nacional de las empresas telefónicas de Estados Unidos, el gafete que llevaban los asistentes para identificarse decía: **«Hello, I'm Thomas!»**, por ejemplo. A partir de aquí, esta forma de saludo se difundió de una manera imparable.

Alexander Bell, en cambio, prefería contestar al teléfono diciendo: *«Ahoy!»* Pero le ganó Edison. Aun así, tal como **hello**, también ahoy es una exclamación utilizada en el mundo de los barcos para decir que se ha visto tierra firme u otro barco por el camino. Al parecer viene del holandés *hoi,* palabra utilizada también en la actualidad en ese idioma para decir **hola.**

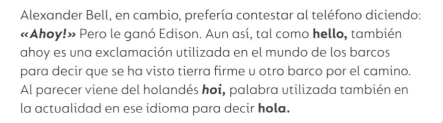

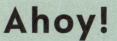

¿Cómo? Querido Alex, ¡a ti no hay quien te entienda!

Las interjecciones destinadas a llamar la atención y convertidas luego en una forma de saludo se encuentran un poco por todos los idiomas, sobre todo los nórdicos. De manera que en Noruega y Finlandia se dice **hei,** en sueco también, pero se escribe **hej!,** en inglés se utiliza también la expresión **hi** y hasta hay quien dice que el **oi** brasileño puede que se haya originado a partir del contacto con los holandeses que en el siglo XVII ocuparon el estado brasileño de Pernambuco, que se encuentra en el nordeste del país.

Pero eso tampoco es tan seguro, y hay muchas hipótesis acerca del origen de este oi. Lo cierto es que, cuando piensas en llamar la atención de una persona... *«¡Eh!»* Sí, estoy hablando contigo que lees este libro, ¿me sigues? Decía que ciertas palabras que empleamos para llamar la atención puede que las personas las hayamos inventado sin pensar, que hayan salido de manera natural de nuestras gargantas, un grito para hacerse notar, para no chocar con una persona que no estaba mirando o para saludar un barco aparecido de repente al horizonte: **Hei! Hi! Hoi! Oi! Ahoy!**

ESTOY A TU DISPOSICIÓN

En Italia el saludo informal más común es ciao. Lo utilizamos todos, no solo los italianos. ¿A que tú también conocías ya esta palabra? Y, ¿sabes cuáles son su origen y su significado?

Ciao viene del dialecto de la ciudad de Venecia, y significa nada menos que «esclavo». Cada vez que alguien te dice: **«Ciao!»,** en realidad se está poniendo a tu disposición, te está diciendo que es tu esclavo.

Eso era lo que le decían los mercaderes venecianos a cada posible cliente. En los textos escritos, ciao aparece por primera vez en una comedia napolitana de 1709. Es decir, que hace más de trescientos años, y con los medios de transporte de la época, esta forma de saludo ya había atravesado casi toda la larga bota de Italia. Ya se estaba volviendo universal.

Existen varias formas de saludo relacionadas con el hecho de ponerse al servicio de alguien; por ejemplo, si entras a una tienda en México, aún a día de hoy, puedes encontrarte con un encargado que se pone literalmente a tus órdenes o que te dice: **«¡Mande!»**.

En el Imperio Austrohúngaro que, creado en 1867, se extendía por el centro y este de Europa, para saludar se empleaba la fórmula latina ***servus humilissimus.*** La persona que la pronunciaba además se quitaba el gorro o lo que fuera que tenía en la cabeza y hacía una reverencia para reducir su estatura.

Sin embargo, con el tiempo, tanto el gesto como la expresión se fueron simplificando. Se empezó a decir tan solo **servus,** no hacía falta humillarse tanto, y esta forma de saludo a día de hoy se sigue empleando comúnmente en algunas partes de Alemania y Austria, en Rumanía, Hungría, Eslovaquia, Croacia, Eslovenia y Ucrania.

TE PRESENTO MIS RESPETOS

Hacer una reverencia no solo es un acto de humildad, sino que además conlleva el hecho de que dejamos desprotegida una parte muy delicada y fundamental de nuestro cuerpo: la cabeza. Es un acto de confianza en que el otro no nos asaltará ni nos golpeará con un bastón o cualquier objeto arrojadizo.

> Mi amor por ti se mide en grados.

Con el tiempo, la reverencia se ha ido simplificando tanto que, cuando inclinamos la cabeza, es como si estuviéramos haciendo una reverencia. En algunas culturas, la reverencia históricamente —y aún en la actualidad— ha tenido —y tiene— una inmensa importancia; hasta tal punto que, por ejemplo, en Japón, hay doce tipos distintos de reverencia dependiendo de la relación que tengas con la persona que estás saludando.

Es decir que, según el respeto que le debes a la persona que tienes delante, según su importancia, tendrás que incrementar el ángulo en que doblas tu espalda. Además, la última persona en levantarse de una reverencia será la de menor rango y tendrá que ir con cuidado para no terminar la reverencia demasiado pronto.

En Japón, la reverencia de base se presenta en dos formas distintas para el hombre y la mujer: el hombre se inclina hacia delante, con los brazos presionados sobre el torso; la mujer dobla ligeramente las piernas y coloca sus manos delante de los muslos.

Habrá que calcular la distancia exacta...

¡para no darse un cabezazo!

En China, hasta principios de 1900 se practicaba una forma de reverencia llamada **koutou,** literalmente «golpear la cabeza», porque requería que te postraras en el suelo y lo tocaras repetidas veces con la cabeza. ¿A que suena excesivo? Pero eso era lo que se hacía entonces delante del emperador y de cualquier persona que mereciera un respeto particular, como por ejemplo la abuela, la matriarca de la familia, en el día de su aniversario.

ESPERO QUE ESTÉS BIEN

Sí, lo sé, puede sonar extraño, pero en China una forma típica de saludo que se utiliza a día de hoy en las empresas, por ejemplo, es preguntar si ya has comido, «*Nǐ chī fàn le ma?*». Entre personas más cercanas se pregunta también adónde vas.

En un imperio tan grande y habitado por algunas personas poderosas, pero sobre todo por muchas muy pobres, no siempre se conseguía comer cada día. Así que cuando preguntas si alguien ha comido ya, en cierto sentido te estás preocupando de que las cosas le vayan bien.

A estas curiosas formas de saludo se suele contestar con frases hechas; tienes que decir que ya has comido o que estás a punto de hacerlo, por ejemplo. O si te preguntan adónde vas, ***«Nǐ qù nǎr?»***, lo más fácil es decir que vas a casa. No te preocupes, nadie te está persiguiendo o controlando tus pasos, la persona que te pregunta adónde vas solo quiere saludarte.

Los dos ejemplos anteriores presentan de una manera peculiar una tipología de saludo específica: hemos visto los saludos que nacen de una llamada de atención, los que consisten en ponerse a tu servicio, y ahora los saludos que velan para que estés bien.

Al fin y al cabo, ¿de dónde viene la misma palabra **saludo**? ¿En qué otra palabra te hace pensar? Sí, exactamente en **salud**. **Saludar** es una palabra que viene del latín y significa desearle buena salud a otra persona.

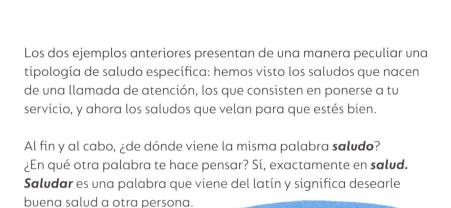

Por eso en tantos idiomas hay formas de saludo que se ocupan de saber cómo está el otro: desde el **¿qué tal?**, al alemán **wie geht's?** y a la misma palabra japonesa **konnichiwa,** que, etimológicamente, significa **«¿qué tal hoy?»**.

Bueno, me estoy apresurando: **konnichi** significa tan solo **«hoy»** y **wa** es una partícula; sin embargo, esta expresión antiguamente era mucho más larga, contenía más palabras: **Konnichi wa gokiken ikaga desu ka?** Y, sí, significaba literalmente **«¿Qué tal hoy?»**. Poco a poco fue suficiente decir konnichiwa y el resto ya se daba por sentado. Como cuando con tus amigas y amigos tenéis una palabra clave que conocéis solo vosotros: la decís, y ya os recuerda una situación concreta que habéis vivido juntos.

Ahora bien, en algunos lugares los saludos se pueden alargar bastante. Dicen que eso pasa en África y en concreto en Mali, donde no solo te preguntan **qué tal,** sino **qué tal tu padre, qué tal tu madre,** y —ya puestos— **qué tal todo y todos,** tus amigos, el vecino y hasta el alcalde. ¿Por qué? Hay quien dice que antiguamente, en el desierto, las caravanas se cruzaban tan pocas veces que las personas, al encontrarse, se explayaban; la costumbre se ha mantenido hasta hoy. La idea de fondo va más allá del encuentro fortuito; se trata de acercarse a la otra persona, de saber quién es, de conocer su entorno y, así, generar un vínculo para poder confiar, para sentir que estamos unidos.

En italiano también hay una fórmula de saludo que se ha alejado un poco de su significado literal y etimológico: *salve.* Se trata de un saludo intermedio, ni demasiado formal, ni informal. En latín era una forma verbal imperativa que significaba «**¡Que estés bien!**».

De hecho, para que no cupiera duda, los romanos al despedirse decían: «**Vale atque salve**». Que es un poco como: «**¡Que estés bien y que... estés bien!**». Cuando hablamos, la repetición de ciertas palabras o de sus sinónimos sirve para subrayar el concepto, para reforzarlo, otorgarle un valor superlativo. A menudo en el mundo latino esta expresión adquiría el valor de una separación definitiva.

Durante el Renacimiento, los italianos, manifestando una curiosa mentalidad práctica, sacaron de aquí dos formas de saludo: **vale,** para despedirse y **salve,** para encontrarse. A día de hoy tan solo se mantiene la segunda expresión.

Y ahora que te hablo de todo eso, pienso que para los latinos el deseo de que estuvieras bien tenía que ser realmente un engranaje fundamental de la mecánica del saludo, porque había un tercer verbo que significaba más o menos lo mismo y que se utilizaba en varias ocasiones y también de manera destacada para saludar al César, al emperador: **ave.**

Hail, en inglés antiguo, y **Heil,** en alemán, tristemente asociado con la época nazi, comparten con ave la función de saludo especial para líderes.

Incluso en latín esta expresión tenía su aspecto oscuro, porque el historiador Suetonio, nacido en el primer siglo de nuestra era, cuenta un episodio que aconteció en el año 52 d. C. en ocasión de unos juegos navales destinados a simular una batalla, pero cuyas víctimas serían reales.

Antes de empezar el juego, los gladiadores, que en realidad eran criminales condenados a muerte, se dirigieron al emperador diciéndole: **«Ave imperator, morituri te salutant», «Los que van a morir te saludan».** Se cuenta que el emperador contestó: **«O no»,** a lo mejor porque quien sobreviviera al espectáculo ganaría el perdón.

La vida siempre ha sido un tanto dura y los seres humanos nos las hemos ingeniado más de una vez para complicarla con leyes y castigos crueles. Bien sabemos que el camino para reconocer el valor de la vida individual, los derechos de las personas, de cualquier individuo, ha sido largo y accidentado; tanto, que a día de hoy todavía perviven situaciones inaceptables. Es suficiente con escuchar las noticias o leer el periódico para conocer muchas de ellas.

Pero los romanos, por suerte, también tenían juegos donde nadie salía lastimado. Se trataba de juegos intelectuales, juegos de palabras. El político y filósofo Cicerón (106-43 a. C.) una vez le escribió a un amigo:

Mitto tibi navem prora puppique carentem.

«Te envío una nave sin proa ni popa.»

Al leer esta frase —recuerda que se trata de un juego de palabras—, ¿adivinas la solución? ¿Qué le está enviando Cicerón a su amigo? ¿Un objeto engorroso y encima inútil —ya me dirás de qué le sirve a cualquiera una nave sin proa ni popa— o...?

¿Sí? ¿Ya lo tienes? Claro, Cicerón tan solo deseaba que su amigo estuviera en buena salud.

Seguro que si conoces otros idiomas o si tienes amigos que hablan otros idiomas, allí encontrarás otras formas de saludo donde te preguntan cómo estás y velan por tu salud.

DESEO QUE SEAS FELIZ

A veces el deseo de que estés bien toma la forma de un deseo espiritual de que seas feliz, no porque tienes la panza llena, sino porque estás en armonía contigo mismo y con el mundo.

Namaste: es la forma de saludo de la India más conocida en Occidente. Es una palabra que significa honrar, homenajear, hacer una reverencia ante la persona que estás saludando. Y efectivamente esta palabra se acompaña con el gesto del cuerpo entero que hace una reverencia.

Hay otras palabras sánscritas que representan saludos y que a las personas a las que se dirigen les desean que sean felices, que tengan bienestar y éxito, o tranquilidad, paz y seguridad, por ejemplo. Encontrarse por la mañana con una persona que para saludarte te desea una de estas cosas, tiene que alegrarle el día a cualquiera, ¿a que sí?

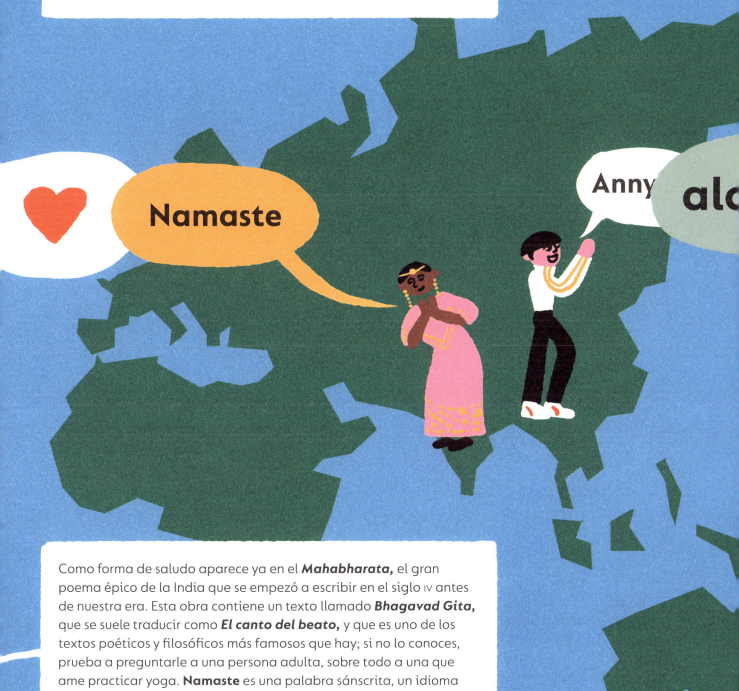

Como forma de saludo aparece ya en el **Mahabharata,** el gran poema épico de la India que se empezó a escribir en el siglo IV antes de nuestra era. Esta obra contiene un texto llamado **Bhagavad Gita,** que se suele traducir como **El canto del beato,** y que es uno de los textos poéticos y filosóficos más famosos que hay; si no lo conoces, prueba a preguntarle a una persona adulta, sobre todo a una que ame practicar yoga. **Namaste** es una palabra sánscrita, un idioma antiguo utilizado en la India para hablar de temas importantes, filosóficos y religiosos, en el pasado e incluso a día de hoy.

Aloha: es como decir **hola,** sí, pero esta palabra se encuentra en el corazón de la filosofía vital hawaiana, ya que aloha significa **«amor»;** o, mejor, *alo* significa **«cara a cara»** y *ha* significa **«espíritu vital».** Cuando le dices aloha a alguien —ya sea una persona o cualquier criatura— estás reconociendo la vida que hay en ella.

El **Espíritu Aloha** es tan importante en estas islas que aparece en su legislación para recordarnos cómo nos tenemos que relacionar las personas.

Y, para explicar su profundidad, en la propia ley se dice que aloha puede ser tomado como acrónimo de:

Akahai: bondad que se expresa con ternura

Lokahi: unidad que se expresa con armonía

Oluolu: afabilidad que se expresa con amabilidad

Haahaa: humildad que se expresa con modestia

Ahonui: paciencia que se expresa con perseverancia

Annyeong haseyo: en Corea, en cambio, hola se dice así. ¿Qué significa? **Que estés en paz**.

Te desean paz también los árabes y los judíos cuando te dicen, los primeros: ***«As-salamu alaykum»;*** y los segundos: ***«Shalom aleijem».*** ¿Notas algo curioso? ¿Sí? Las dos fórmulas se parecen, y es que el árabe y el hebreo pertenecen a la misma familia de idiomas y muchas de sus palabras comparten las mismas raíces. A estos dos saludos se responde deseando lo mismo de vuelta e invirtiendo los términos: ***«Wa 'alaykumu s-salām»*** y ***«Aleijem shalom».***

En cambio, tanto la forma de saludo coreana como la hawaiana funcionan como ciao en italiano: se utilizan al encontrarse y al despedirse sin variación. Es como si al encontrarnos nos dijéramos hola y al despedirnos, lo repitiéramos en lugar de decir hasta luego o adiós.

No está mal una ley que pone en sus fundamentos la amabilidad y la preocupación genuina por la persona que está a tu lado, ¿verdad? Es como si todas las personas nos sentáramos en un círculo y cada una de nosotras se ocupara de la felicidad y bienestar de la persona que tiene a su izquierda por ejemplo. Al cerrarse el círculo, todos tendríamos una persona de la que ocuparnos y una que se ocupa de nosotros.

TE VEO

En el mapa de hace tres páginas, entre tantos buenos deseos, hay dos personas inuit que no dicen nada. Sonríen. A veces para saludar no hacen falta palabras, es suficiente con reconocer la presencia del otro, mirarlo a los ojos. Sí, es cierto, en el idioma de los inuit al parecer hay algunas expresiones de saludo como *aingai*, **por ejemplo, pero en realidad se emplean exclusivamente en un entorno familiar muy íntimo.**

Otros pueblos basan también su manera de saludar en el reconocimiento de la presencia de la otra persona, pero no lo hacen en silencio. Así, los zulú de la región de Natal, en Sudáfrica, cuando te ven, dicen: **«*Sawubona*»,** es decir: **«Te reconozco».** Solo después tú puedes responder: **«*Sikkhona*», «Estoy aquí».** ¿No es precioso? Es como si en el momento en que el otro te ve, te otorgara la existencia.

Hay una película de James Cameron estrenada en 2009 que se llama ***Avatar*** y está ambientada en un planeta que no existe, la luna Pandora. Sus habitantes tienen un idioma propio inventado para esta película, el ***na'vi*.** Este idioma, naturalmente, también tiene una forma de saludo. En **na'vi** se saluda así: ***Oel ngati kameie*, «Te veo».**

Piensa en ello y en esas veces cuando, por la calle, vemos acercarse a una persona que no nos cae bien, o con la que estamos enfadados, o si pensamos que no tenemos tiempo y vamos de prisa... ¿Qué hacemos? ¿Te ha pasado alguna vez eso de fingir que no ves al otro? Y miras hacia otro lado, o cambias de acera, o te escondes en un portal o te agachas para abrocharte el zapato. La otra persona está ahí, pero pensamos que si fingimos no verla desaparecerá.

En Mali un pensamiento de este tipo no gustaría mucho. Allí se suele creer que es importante reconocer siempre la presencia del otro. Al saludar refuerzas el sentimiento de comunidad social y humana, así demuestras que eres buena persona. Porque además nunca sabes cuándo vas a necesitar ayuda o cercanía o consejo. Dicen que no puedes despreciar a la persona que tienes ante ti, nunca. Incluso tienen un dicho: **«Quien te saluda primero es mejor que tú mismo».** Ellos saludan diciendo: **«I ni sogoma»,** que en bambara, su idioma, significa: **«Tú eres la mañana».** Y lo modifican dependiendo de si el encuentro acontece al mediodía, por la tarde o por la noche.

¿A que es una idea poderosa? La persona con la que te topas, la persona que la casualidad ha puesto en tu camino, determina tu tiempo, tu día.

Por no saludar, se ha quedado sin amigo y sin mañana.

DE LOS PIES A LA CABEZA

¿Cómo está tu...?

Dejemos África y volvamos al continente americano, en concreto a Centroamérica, donde floreció la cultura maya. No existe tan solo una lengua maya; sí existió una escritura realizada con glifos o ideogramas, pero lenguas maya... hay muchas. Las hablan poblaciones indígenas de distintos lugares de México y Guatemala y un poco en Belice.

Para saludarte, también en las lenguas maya te preguntan cómo estás, sí, pero se concentran en una parte concreta de ti o de tu vida. Te pueden preguntar por el estado de tu camino, o también por tu corazón, por ejemplo. Eligen un elemento concreto y hacia él dirigen su interés.

De manera que, en general, al encontrarte con una persona que te habla en maya, esta te podrá preguntar: **¿Cómo está tu...**

- alma?
- frente?
- corazón?
- energía?
- estómago?
- camino?

Así vemos que las lenguas maya se ocupan de nuestros órganos: del corazón, de las vísceras a través del estómago, y de la mente a través de la frente. Se ocupan de que nuestra alma tenga toda la energía que necesita y de que nuestros pies se muevan por buen camino, pero... lo que no encuentro en estos saludos son los cinco sentidos que sin embargo suelen ser el medio a través del que entramos en contacto con el mundo a nuestro alrededor. ¿Dónde están? ¿Alguna cultura se ocupa de ellos?

En el sur del Pacífico, al lado de Tailandia, están las islas Andaman, habitadas por los **ongee**. Su cultura se construye alrededor del olfato; tanto, que su calendario se basa en el olor de las flores que florecen en distintos momentos del año. El yo no es solo el cuerpo o ni tan solo el alma; el yo es una persona y al mismo tiempo es un cuerpo y su olor. Hasta tal punto que, para referirse a sí mismos, los ongee se tocan la punta de la nariz con un dedo.

¿Ya te has imaginado qué preguntan los ongee para saludar?
Creo que sí.
Los ongee preguntan:

¿Cómo está tu nariz?

¡Muy bien, gracias!

Y si contestas que te notas muy olorosa, entonces la persona que te ha saludado inspirará profundamente para liberarte del exceso. Y, al revés, si lo que te falta es olor, entonces la otra persona soplará encima de ti para recargar tu olor.

BESOS DE NARIZ

La nariz congrega a su alrededor una serie de manifestaciones físicas fascinantes. La nariz se encuentra justo en medio de la cara, lugar donde se concentran unos cuantos centros expresivos.

Habrá que verlos al mismo tiempo que repasamos algunas maneras físicas de saludar sin palabras, tan solo utilizando la expresividad de nuestra cara, naturalmente, y también de las manos; sí, confiad en mí, que soy italiana y algo sabré de lo que representa el acto de gesticular.

Probablemente habrás oído hablar del **kunik.** ¿Sí? ¿No? ¿Y si te digo que se trata del beso que se dan los inuits cuando frotan sus narices?

No solo sus narices entran en contacto, sino que, al hacerlo, al mismo tiempo respiran el aliento y el olor de la piel de la otra persona. Se trata de un tipo de saludo, sí, pero muy íntimo y familiar. No saludarías de esta manera a una persona que acabas de conocer.

Ya sé, yo también he pensado que, en un lugar tan frío, besarse con la nariz no solo parece muy práctico, sino que probablemente sea la única opción. Por allí uno va tan tapado que de su ropa apenas asoma la nariz. ¿De qué otra manera vas a saludar? ¿Qué otra parte del cuerpo vas a emplear?

Sí y no. En realidad, este pensamiento es un tanto reductivo, porque hay muchas poblaciones que besan con su nariz; esta práctica se encuentra entre los nómadas del desierto de Gobi y también en algunas culturas del sureste de Asia; y en los Emiratos Árabes y en Kuwait, por ejemplo, que han heredado este gesto de la cultura beduina.

También se encuentra en algunas culturas isleñas del sur del Pacífico, tal como documentó, a partir de 1928, el antropólogo neozelandés Raymond Firth, que viajó a Tikopia, la isla más remota del archipiélago Salomón. Allí las personas aprietan las narices en señal de saludo, pero también en señal de respeto hacia ancianos o jefes. En este caso, en lugar de apretar nariz contra nariz, ponen la suya contra la rodilla, o la muñeca de la otra persona.

En la propia Nueva Zelanda, los maoríes se saludan típicamente con el *hongi.* Se trata de juntar las frentes de las dos personas que se saludan y entonces también la nariz. **Hongi** significa **«compartir aliento»**, y eso es precisamente lo que hacen las personas que se saludan.

Se dice que su origen es mítico: el dios Tāne-nui-a-Rangi creó a Hine-ahu-one, la primera mujer; la creó con tierra y le insufló el espíritu vital en la nariz.

Puedes saludar prácticamente a cualquiera de esta forma, lo importante es que lo hagas con ánimo honesto y sincero: no puedes saludar así a una persona con la que estés molesto, por que el **hongi** es la demostración simbólica de la unidad entre dos personas.

Si en el caso de los maoríes el origen del saludo con nariz se remonta a un tiempo mítico, cuando observamos una de las más antiguas formas de escritura, los jeroglíficos del Antiguo Egipto, descubrimos algo curiosísimo.

El jeroglífico que corresponde a la nariz significa también **«beso»**, y se representa a sí mismo, sí, pero también al acto de respirar y de besar, tal como puedes ver aquí.

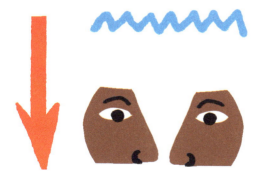

ENTRE CEJA Y CEJA

¿Qué te parecen los besos de nariz? ¿Qué cara has puesto al pensar en ellos? ¿Acaso una de las siguientes?

Estas son las siete expresiones faciales fundamentales diferenciadas por el psicólogo Paul Ekman en los años sesenta y setenta del siglo pasado, a partir de unos estudios de campo que realizó en distintos lugares del mundo. De esta manera confirmó la hipótesis formulada por Darwin en 1872 en su libro *La expresión de las emociones en los humanos y los animales*. Las expresiones faciales no son sociales, no están determinadas culturalmente, sino que son comunes a toda la humanidad, y por lo tanto son adaptativas, es decir, que nos sirven para la supervivencia.

Estas mismas expresiones las pones tú sin darte cuenta, y las ponen también personas que viven al otro lado del mundo.

Espero que al leer las curiosas noticias acerca de los besos de nariz, hayas puesto la quinta expresión facial, la de sorpresa, porque ¿no crees tú también que es sorprendente descubrir que en otros lugares, en otras casas, en otras calles, es así como las personas se saludan, se dan la bienvenida, se encuentran?

Cuando nos sorprendemos, levantamos las cejas y abrimos mucho los ojos sin siquiera darnos cuenta. Hubo una persona, el profesor Irenäus Eibl-Eibesfeldt, un estudioso austriaco que, desde los años setenta del siglo pasado, se ocupó de estudiar justamente qué pasa en varios lugares del mundo cuando levantamos las cejas.

Solemos hacerlo siempre cuando saludamos a una persona, por ejemplo. Este gesto normalmente acompaña el saludo verbal.

Lo que descubrió Eibl-Eibesfeldt es que, si bien este gesto es inconsciente, algunas poblaciones lo han integrado en su cultura. Y lo han hecho de manera tanto positiva como negativa.

¡Al fin alguien se interesa por nosotras!

Hay lugares, como Japón, donde se ha llegado a decir que esta expresión es incluso un poco atrevida, casi vulgar, y genera pudor. Así que las personas se esfuerzan por evitarla; y tienen que esforzarse mucho, porque se trata de una expresión innata.

En otros lugares, en cambio, levantar las cejas de por sí es suficiente para decir que sí; o también para saludar.

Este hecho, Eibl-Eibesfeldt lo observó, por ejemplo, en algunas Islas de Polinesia y también en Papúa Nueva Guinea, donde efectivamente había pueblos en los que un saludo no era tal si no iba acompañado de un arqueo de cejas.

Solo una vez se topó con caras serias que lo saludaban sin ninguna sorpresa. Eso pasó en Ikumdi, un pueblo en los altiplanos de Papúa.

Irenäus Eibl-Eibesfeldt se preguntó por qué. Y descubrió que pocos meses antes, por primera vez, una patrulla del Gobierno había llegado a ese pueblo causando disturbios tan graves que los habitantes del lugar habían dejado de alegrarse con la llegada de desconocidos.

Para volver a ganarse su arqueo de cejas, sus ojos abiertos y su sonrisa, primero había que convertirse en sus amigos, en personas de confianza.

¡Venimos a aprender de vosotros!

¡Os respetamos!

A BASE DE BESOS

Casi estamos agotando los elementos fundamentales de la cara, tan solo nos queda uno. ¿Qué hay debajo de los ojos y de la nariz? Pues, la boca. ¿Cómo saludamos con la boca? Con besos, esta vez sí. Se trata de besos que para nosotros resultan normales, los que damos con los labios. No besos de nariz.

Algunos estudiosos dicen también que el beso es un gesto instintivo que deriva del acto de la madre que le da comida a su bebé con la boca. Sin embargo, otros estudiosos que han viajado a muchos lugares se han dado cuenta de que hay culturas que no solo no conocen el beso, sino que lo encuentran asqueroso. Esto pasa por ejemplo en Camerún, en África; allí, los habitantes de la comunidad de Tonga, cuando vieron por primera vez a unos europeos besándose, se disgustaron porque no entendían qué estaban haciendo esas personas intercambiando saliva y suciedad.

Sea como sea, desde la Antigüedad los seres humanos nos besamos al saludarnos: en las mejillas, en los labios, pero también en otros lugares como los hombros, las manos, las rodillas o los pies. Eso último se hacía en el pasado cuando una persona que era considerada inferior se acercaba al emperador o a alguien poderoso e importante.

Por suerte, a día de hoy —en casi todo el mundo— sabemos que todas las personas somos iguales, pero antes, no. En el Imperio romano, por ejemplo, el emperador podía decidir besarte en la frente; pero tú, insignificante ciudadano, tenías que doblarte ante él y besarlo lejos de la cara en señal de respeto.

Esta costumbre sobrevivió al propio Imperio romano y se mantuvo en la Europa medieval. Entonces se consideraba que algunas personas eran tan humildes que ni podían tocar al poderoso que tenían delante, y por eso se veían obligadas a besar el suelo. De aquí viene la expresión inglesa **to kiss the ground**.

> **No beso tu pie.
> No beso el suelo.
> Beso el universo.**

A día de hoy, el beso en las mejillas no es tan solo un gesto íntimo, sino que en muchos países nos besamos normalmente entre amigos. ¿Cuántos besos hay que dar? ¿Por qué lado empezar? Aquí cada lugar tiene sus costumbres: uno, dos, tres y hasta cuatro besos, por la izquierda o la derecha. La casuística es prácticamente infinita. Y la confusión, también.

AMÉRICA LATINA
Un beso

ESPAÑA
Dos besos, primero la mejilla derecha

ITALIA
Dos besos, primero la mejilla izquierda

Algunos lugares de **FRANCIA** y **HOLANDA**
Tres besos

NORMANDÍA
Cuatro besos

¡Disculpa! Pensaba que llevábamos 3 ya...

Hay muchas reglas no escritas acerca de quién puede besar en la mejilla a quién: en España y en los países de América Latina es bastante normal besarse en público entre personas del mismo sexo o no; en Canadá, en el Reino Unido o en Alemania, por ejemplo, se besan solo los familiares; en algunos países de Oriente Medio se besan los hombres entre sí y también en Rusia, incluso en contextos formales, incluso muy cerca de la boca y a veces directamente en los labios.

Estamos en 1979 y ellos no lo saben, pero este beso se convertirá en uno de los besos más famosos de la historia. ¿Quiénes son?

Y ya que hemos llegado a la boca, habrá que mencionar una de las formas de saludo más curiosas que he visto. Dentro de la boca está la lengua; pues bien, en la cultura tibetana la lengua es el órgano de saludo principal. Allí las personas se saludan así:

Abre bien la boca y saca la lengua todo lo que puedas. ¿De qué color es? Cualquier color vale, con tal de que no sea negra. Y es que, según algunos cuentos tradicionales, en el siglo IX, en el Tíbet, hubo un rey particularmente cruel, Lang Darma. Era tan malvado que dicen que tenía cuernos y la lengua negra. Los cuernos los escondía debajo del pelo; la lengua, bien cerrada en la boca. Por eso, después de su muerte, las personas empezaron a saludarse sacando la lengua; para dejar bien claro que ninguno era la reencarnación del rey malvado.

¡VENGA ESA MANO!

Abandonemos la cara para bajar hasta las manos o, mejor, la mano. Cuando hay una distancia suficiente para que dos personas se vean, pero no para que puedan oír lo que se dicen o cuando no se puede hablar, ¿cómo das a entender que has visto y reconoces a una persona?

Levantando una mano con la palma abierta y sonriendo. Lo mismo cuando alguien se despide, el barco o el tren se alejan, y la persona que se queda levanta una mano y a lo mejor la mueve repetidamente de izquierda a derecha o la abre y cierra.

**Hello!
Goodbye!**

**¡Adiós!
Adeu!**

La lengua de los signos, como cualquier lengua que nace y toma forma dentro de una comunidad natural de personas, tiene variaciones entre los diferentes idiomas. Así que la intuición en este caso nos ayudará, pero tan solo hasta cierto punto con los saludos y despedidas.

Por ejemplo, en español, alemán e inglés del Reino Unido, **hola** y **adiós** se dicen de la misma manera.

Aunque, en inglés del Reino Unido, para decir **hola** se puede dibujar también un círculo con la mano abierta.

Y en español, para decir **adiós,** también se abre y cierra la mano enseñando el dorso. Esta última es, en cambio, la única forma de decir **adiós** en la lengua de signos catalana.

Goodbye!

Finalmente, en inglés de Estados Unidos, para decir **hola** se recurre a un saludo militar y para decir **adiós** la fórmula es exactamente lo opuesto de la española y catalana: lo que se enseña es la palma.

Estas diferencias no nos hacen imposible la comprensión a la hora de saludarnos porque se basan en gestos que todos más o menos conocemos; quizá lo que sí hacen es marcar sutiles matices culturales.

Si en la lengua de signos la mano dominante depende de si la persona que habla es zurda o diestra, en la vida cotidiana, en la corta distancia, la que interviene es la mano derecha, que es la que se da a la hora de saludar.

Hello!

¿Por qué la derecha? Porque suele ser la mano que la mayoría de las personas utiliza de manera preferente. Para escribir, para abrir la puerta, para llevar la espada, cuando las personas acostumbraban a salir armadas a la calle. Hay personas zurdas, claro que las hay, como yo misma, pero entiendo que este saludo es un acto simbólico, por lo tanto, no me lo tomo mal.

En el pasado, dar la mano derecha significaba anunciar buenas intenciones, dejar la espada o cualquier arma. Hay quien dice que, además, al sacudir el brazo de arriba abajo ningún puñal escondido en la manga pasaría desapercibido.

Puede ser; lo que pasa es que dar la mano es un acto muy antiguo, aparece en la Biblia, en un relieve asirio, en la *Ilíada* y en la *Odisea*, y también en el mundo romano, aunque allí, en lugar de la mano, se tomaban el antebrazo entero. Pero parece ser que no representaba tanto una forma de saludo, sino que era una manera de sellar un pacto. De hacer una promesa. De decir que se había alcanzado un acuerdo.

Podías llegar a un acuerdo verbalmente, claro que sí, pero ritualmente hacía falta un gesto físico concreto que le diera realidad. Cuando juegas con tus amigas y amigos, ¿no tienes tú también algún gesto para sellar una promesa? Hay varias maneras. Pienso, por ejemplo, en un gesto que es prometer entrelazando el meñique, como hacen dos de los protagonistas de *Cuenta conmigo*, una película de 1986. Después de causar una situación bochornosa, peligrosa y sorprendente a partes iguales, un niño le asegura a su amigo que no le ha gastado una mala broma, sino que no sabía que iba a crear ningún problema. El otro decide creérselo, pero le exige que entrelacen los meñiques. Pues algo parecido tenía que ser el acto de darse la mano.

Pasados los grandes imperios de la Antigüedad, llegados al Medioevo, este acto cayó un poco en el olvido. Lo menciona —siempre como forma de sellar un pacto— Shakespeare (1564-1616) en algunas de sus obras, como por ejemplo en *A vuestro gusto*, pero ¿acaso hay algún aspecto de la vida humana que se le haya escapado a Shakespeare?

(Un consejo: si aún no lo has hecho, cuando puedas, lee sus obras. Contienen todo lo que somos, lo que deseamos, cómo nos esforzamos para ser lo más parecidos posible a lo que hemos imaginado; pero también nos hablan de nuestra locura, de la maldad, de las traiciones que somos capaces de cometer.)

Si pruebas a leer cualquier manual europeo de buenos modales, no encontrarás nada acerca de dar la mano al menos hasta principios del siglo XIX. ¿Quién recuperó esta costumbre y cómo? Tal como puedes ver al principio del libro, cuando hablamos de la reverencia, por ejemplo, en los siglos pasados, los europeos estaban ocupados midiendo la inclinación de su espalda o decidiendo si podían besar al señor del lugar en la rodilla o en el pie.

Pues bien, en Inglaterra, en el siglo XVII, un tal George Fox fundó un grupo religioso disidente que llamó Sociedad de los Amigos. Los que los miraban desde fuera, en cambio, los llamaron cuáqueros, y es así como se les conoce a día de hoy. Para ellos es fundamental llevar una vida sencilla y pacífica. Además, piensan que todas las personas son iguales, todas son amigas. ¿Os los imagináis empeñados en complejos rituales de reverencia? Así que se desentendieron de cualquier gesto complicado y pasaron a saludarse dándose la mano, como personas iguales que se miran la una a la otra a los ojos.

Esta moda inglesa, tal como fue llamada, al principio generó desconcierto y cierta repulsión en países como Francia, y eso lo podrás comprobar tú misma o tú mismo si algún día lees las famosas novelas francesas del siglo XIX; si lees a Balzac, por ejemplo.

Poco después, en la Italia de los años treinta del siglo XX, el movimiento fascista, empeñado en inventarse modas y costumbres nacionales, consideró eso de dar la mano un acto burgués reprobable. Y en 1932, Achille Starace, secretario del partido fascista, promulgó una serie de reglas de buenos modales entre las que se encontraba la sustitución del apretón de manos por el saludo romano que consiste en levantar el brazo derecho extendido con la palma de la mano que mira hacia abajo. Lo encontraba más higiénico, estético y rápido. De esta regla se mofaba el poeta romano Trilussa en un soneto donde terminaba diciendo que el saludo romano permitía decir que somos amigos y que nos queremos, pero siempre manteniendo cierta distancia.

No deja de ser curioso que el cierre del poema paródico de Trilussa aborde un tema que, en cambio, ha entrado con mucha seriedad en el día a día de la humanidad a principios de 2020 debido a la pandemia del covid-19. Ahora descubrimos que el distanciamiento es precisamente el recurso al que debemos acudir para evitar el contagio.

No solo hemos parado de darnos la mano, sino que también hemos dejado de abrazarnos y besarnos. Será interesante ver si, pasado el tiempo y superado este virus, volveremos a tocarnos a la hora del saludo o si, en cambio, desarrollaremos nuevas costumbres. Esperemos, en todo caso, que el saludo romano no vuelva.

Al fin y al cabo, por lo menos en Europa y Estados Unidos, dar la mano en el trabajo se ha convertido en un gesto tan mecánico que, si a veces una persona no puede dar la mano —porque lleva un fajo de papeles o tiene las manos sucias— entonces acerca el codo, por ejemplo, como alternativa al gesto completo. Igual, por aquí, hay una posible evolución para una sociedad que ahora tiene miedo de los virus.

Y hablando de evolución, una de las cosas más bonitas del ser humano es que no puede parar quieto: estamos siempre dándole vueltas a las cosas, modificándolas.

Una evolución curiosa de darse la mano es la que Barack y Michelle Obama popularizaron sin querer al emplearla en un contexto oficial en 2008: cuando él ganó las primarias en su partido para poder optar a ser presidente de Estados Unidos, Barack y Michelle chocaron en público los nudillos de sus manos cerradas en puño.

Este tipo de saludo, de gesto, viene del mundo del deporte de Estados Unidos, sobre todo de la comunidad afroamericana, a partir de los años cincuenta del siglo pasado. Cuando yo tenía ocho o diez años se había vuelto popular un poco en todo el mundo el **high five,** en Italia decíamos: **«Dammi un cinque».** En España se empezó a decir: **«Chócala».** Se trataba de chocar la palma abierta de la mano: lo podías hacer saltando, levantando la mano, o dejándola más baja… Luego ha caído un poco en desuso.

La forma más compleja de saludo con una mano también viene de Estados Unidos y se llama **dap.** A día de hoy, cualquiera puede inventar sus variaciones sobre el tema, crear una coreografía y explicársela a sus amigos. Es una manera de dar vida a un grupo cerrado, es cierto, pero se puede expandir; puedes inventarte un dap y enseñárselo a todas las personas que conozcas, sin discriminar.

Veamos dónde y cómo nació esta forma de saludo y porqué tiene el nombre que tiene. Es una historia bonita. Dap es el acrónimo de *Dignity and Pride,* «dignidad y orgullo»; lo crearon los jóvenes soldados afroamericanos enviados a Vietnam. Era una forma de sentirse en casa estando fuera, de crear una familia en un entorno que aún era racista, pero en el momento en que había surgido el movimiento por los derechos civiles.

Los gestos básicos iniciales eran cuatro y simbolizaban:

No soy superior a ti.

No eres superior a mí.

Estamos uno al lado del otro.

Estamos juntos.

El dap puede tener

tantas variaciones

como ideas tengas.

EL DÍA Y LA NOCHE

El acto de dar la mano más canónico ocurre en ámbitos formales y oficiales. Al dar la mano, homogeneizamos el estatus de las personas que se están saludando; aun así, aunque la relación sea agradable, seguirá siendo poco íntima. En la mayor parte del mundo occidental, ¿qué dices por la mañana para saludar a otra persona, tanto de manera formal como familiar?

¡Buenos días!

Sí, eso es: ¡Buenos días!

Lo decimos haga frío, haga calor, así llueva o nieve, sople el viento o resplandezca el sol o las dos cosas al mismo tiempo. Todos los idiomas de Europa tienen una fórmula literalmente idéntica.

ALEMÁN — *Guten Tag*

ITALIANO — *Buon giorno*

INGLÉS — *Good morning*

PORTUGUÉS — *Bom dia*

NORUEGO — *God morgen*

FRANCÉS — *Bonjour*

HOLANDÉS — *Goedemorgen*

ESPAÑOL — *Buenos días*

BÚLGARO — *Dobăr den*

No hay mucho misterio, en todas las formas la traducción es bastante literal. Sin embargo, el español posee una gran peculiaridad respecto a todos los demás idiomas. ¿Cuál? Es una cuestión gramatical.

¿Por qué la fórmula española es la única en plural? Nadie lo sabe a ciencia cierta. Hay varias hipótesis que, por ejemplo, hablan del espíritu entusiasta español que intensifica tanto cada situación que el día se vuelve plural.

Hay alguna otra explicación, pero los estudiosos consideran que la más plausible es la que dice que la expresión de saludo antiguamente era más larga: **«Buenos días te dé Dios».**

Desde que surgió la religión cristiana, esta ha marcado profundamente la cultura europea y todas sus manifestaciones. Así que no es tan extraño que la divinidad suprema aparezca en las fórmulas de saludo para proteger a las personas.

Hay fórmulas de distinto tipo en varios idiomas; pienso, por ejemplo, en el alemán **«Grüß Gott!»**. Esta también es una expresión abreviada que viene de **Grüße dich Gott.** Es decir: **«Que Dios te salude».** ¿No es bonito pensar que Dios Todopoderoso tiene tiempo de mirar hacia abajo, hacia la Tierra y saludarte a ti o a mí? Vernos tan pequeños y al mismo tiempo tan grandes en medio de un universo infinito.

Ahora bien, si la mañana nos pone de acuerdo a todos, las partes del día suponen ligeras variaciones en los distintos grupos lingüísticos.

Quizá los más sencillos son el portugués y el español que tienen tres fórmulas: **buenos días, buenas tardes** y **buenas noches.**

El alemán no tiene expresión para la tarde, pero sí puede diferenciar entre un **guten Tag** y **guten Morgen**, es decir: **«buenos días»** y **«buena mañana»**.

Francés, italiano e inglés sí tienen una expresión para la tarde: **bonne après-midi, good afternoon, buon pomeriggio.**

¡Eh, tú! Sí, tú, ¡el gondolero! ¡Te estoy saludando!

¡Hola, Miguel! ¿Todo bien?

Buenos días a ti también, Olga, ¿me ves?

Buenos días, Raquel, ¿qué tal la barriga?

Pero luego está la gran cuestión de la noche... Tan grande y tan oscura es la noche, que uno corre el riesgo de perderse en ella. ¿Cómo nos saludamos por la noche?

A diferencia del español, francés, italiano, inglés y alemán se dan las buenas noches solo cuando se despiden y se van a la cama.

Al encontrarse al anochecer, se dicen:

Bonsoir

Guten Abend

Buona sera

Good evening

Y para despedirse dirán:

Bonne nuit

Gute Nacht

Buona notte

Good night

Más o menos, porque, en realidad, franceses e italianos son aún más quisquillosos: las buenas noches se las dan realmente en familia, prácticamente cuando ya están en pijama. Para despedirse de las personas en la calle, dicen:

Bonne soirée

Buona serata

NUESTROS CAMINOS SE SEPARAN

Y con eso llegamos a hablar de las despedidas. Ya llevamos un rato describiendo distintas formas de saludar; sin embargo, este libro también está llegando a su final, así que veamos de qué manera podemos despedirnos.

A lo largo de estas páginas hemos visto algunos saludos informales que valen tanto para el momento del encuentro como el de la despedida, ¿recuerdas cuáles son? Puedes volver a buscarlos en los capítulos anteriores.

Una despedida bien curiosa es la de los finlandeses: si recuerdas, al principio te dije que hola en finlandés se dice **hei;** pues, al alejarse, los amigos se dicen **hei hei.**

Cuidado que Suecia no está lejos, y en Suecia en cambio hola puede ser tanto **hej** como **hej hej.** ¡A veces es tan fácil confundirse!

Otra pequeña confusión la puede causar la palabra **adiós,** despedida común en español que puedes alternar sin problemas con un **hasta luego,** por ejemplo. Pues bien, no le digas adiós a un italiano a no ser que pienses que no os volveréis a ver nunca más. En francés también se aplica en ocasión de despedidas largas.

¡Adiós, querido!

¿Qué palabras ves escondidas en un **adiós?** Prueba a separar sus sílabas. ¿Sí?

Volvemos a encontrarnos delante de un saludo de origen religioso. Al decirle **adiós** a una persona, la estás encomendando a la mismísima divinidad, **ad deum.** Tú no estarás con ella, pero si Dios la cuida, irá todo bien.

Esta fórmula vuelve a aparecer en otras donde su presencia se ha hecho más opaca. Una típica despedida informal en alemán es **Tschüss!** Te lo creas o no, esta palabra curiosa ha hecho este camino: **Ad deum** (latín) = **Ad jüs** = **Djüs** = **Tschüss.**

¿Y si te digo que en inglés pasa más de lo mismo con **goodbye**?

En el siglo XIV se decía: **«God be with ye!», «¡Que Dios te acompañe!».** *Ye* es otra manera de decir *you*, y poco a poco la expresión se fue transformando en **godbwye, godbuy** y otras variaciones, hasta que, en los años setenta del siglo XVI, la gente pensó que quedaría bien decir **good** en lugar de **God,** calcando la expresión **good morning,** que ya estaba en uso.

¿Ha dicho «adiós»? ¡Oh, no! ¡No quiere volver a verme nunca más!

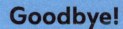

Goodbye!

¿Alguien me llama?

Te cuento todos estos cambios en las palabras porque no deja de sorprenderme la manera en que los seres humanos las transformamos: en un momento en que a lo mejor hemos olvidado de dónde vienen, al buscarles un sentido claro, las equiparamos a otras expresiones que sí entendemos y así ellas van perdiendo el anclaje con las cosas y se transforman tan solo en símbolos. Sabemos qué significado tienen porque lo hemos aprendido.

Si el **adiós** se ocupa de dejarnos en buenas manos, las mejores, la fórmula **hasta luego** hace hincapié en el hecho de que pronto volveremos a vernos. En español esta expresión subraya el paso del tiempo; el búlgaro también suele decir **«Do skoro», «hasta pronto»** y, bien pensado, el italiano tiene una expresión como *a presto,* aunque no es de empleo tan común como **arrivederci.**

Una expresión como esta última se concentra más en el próximo reencuentro; es tan solo un matiz, pero es importante y se plasma también en el japonés, *mata ne,* que indica que habrá otro encuentro, que contiene la idea de la repetición. Y también en estos otros idiomas: en chino, *Zài jiàn!;* en inglés, *See you later!;* en holandés, *Tot ziens!;* o en francés, *Au revoir;* en el catalán, *A reveure;* o en búlgaro con *Dovizhdane.* Su significado coincide con la expresión española **hasta la vista,** *que, sin embargo,* no es de empleo tan común y que, a lo largo del tiempo, ha ido adquiriendo un matiz de desapego; tanto, que más que expresar el deseo de volver a ver a la persona, deja el reencuentro en manos de la casualidad: a lo mejor nos volvemos a cruzar, a lo mejor, no.

Si por lo menos hubiera dicho «hasta luego»...

Sobre **hasta la vista** hay una anécdota que viene del mundo del cine. No sé si has oído hablar de *Terminator*. Se trata de una saga que incluye varias películas e incluso una serie de televisión. Cuando salió la segunda película en 1991, el protagonista era Arnold Schwarzenegger, que interpretaba un *cyborg* enviado desde el futuro para proteger a un niño en un mundo postapocalíptico.

Como cyborg, Schwarzenegger no sabía utilizar bien el idioma humano con sus frases hechas, porque se lo tomaba todo al pie de la letra. Sin embargo, a lo largo de un viaje en coche, el niño al que protegía le había enseñado algunas cosas; entre otras, a despedirse con la expresión **hasta la vista**, que utilizaba en el español original, aunque el protagonista hablaba inglés. Naturalmente, el malo de la peli era muy malvado y no había manera de liberarse de él. Cuando, por fin, Schwarzenegger lo consigue, le dice en una de las escenas más famosas de todos los tiempos: **«Hasta la vista**, *baby*».

Pero en España —en América Latina en cambio se mantuvo la expresión original— se consideró que quedaría más gracioso que la frase mantuviera un toque exótico también en la versión doblada, de manera que pasó a ser: ***«Sayonara, baby!»***.

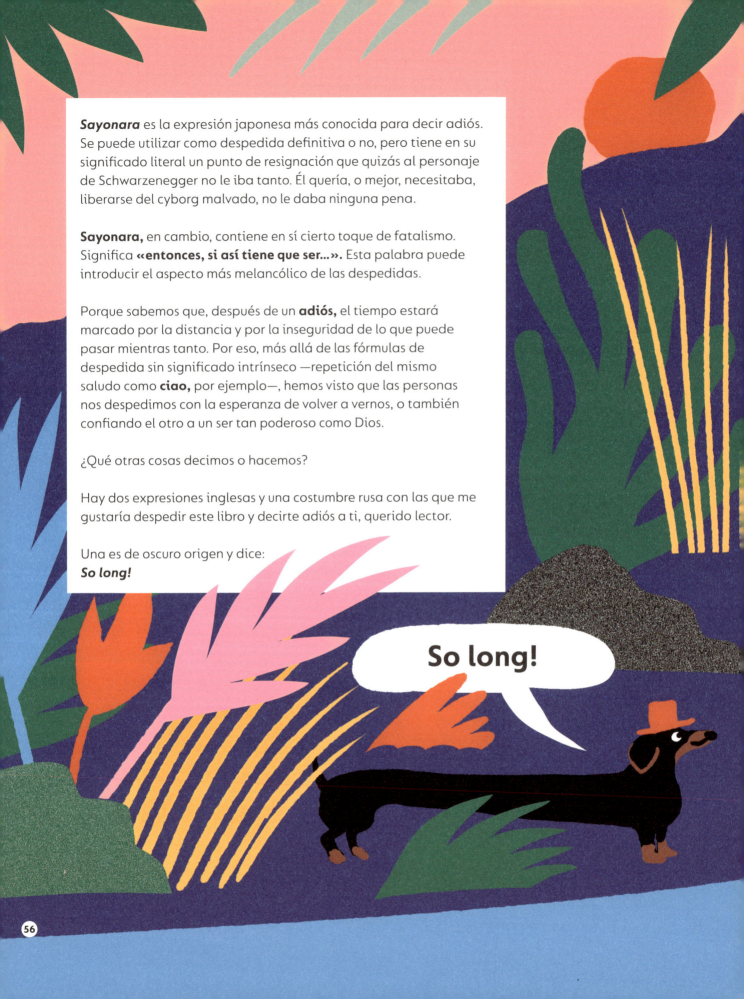

Sayonara es la expresión japonesa más conocida para decir adiós. Se puede utilizar como despedida definitiva o no, pero tiene en su significado literal un punto de resignación que quizás al personaje de Schwarzenegger no le iba tanto. Él quería, o mejor, necesitaba, liberarse del cyborg malvado, no le daba ninguna pena.

Sayonara, en cambio, contiene en sí cierto toque de fatalismo. Significa **«entonces, si así tiene que ser…».** Esta palabra puede introducir el aspecto más melancólico de las despedidas.

Porque sabemos que, después de un **adiós,** el tiempo estará marcado por la distancia y por la inseguridad de lo que puede pasar mientras tanto. Por eso, más allá de las fórmulas de despedida sin significado intrínseco —repetición del mismo saludo como **ciao,** por ejemplo—, hemos visto que las personas nos despedimos con la esperanza de volver a vernos, o también confiando el otro a un ser tan poderoso como Dios.

¿Qué otras cosas decimos o hacemos?

Hay dos expresiones inglesas y una costumbre rusa con las que me gustaría despedir este libro y decirte adiós a ti, querido lector.

Una es de oscuro origen y dice:
So long!

Prueba a hacer una traducción literal: *so long*, **«tan largo».** ¿Qué significará? Hay varias hipótesis poco conclusivas acerca de su origen, lo que se sabe es que **«So long!»** es el título del último poema de *Hojas de hierba,* el célebre poemario del estadounidense Walt Whitman (1819-1892).

En este poema, Walt Whitman se despide del lector y lo hace con la esperanza de que, cuando vuelvan a encontrarse, el mundo sea un lugar mejor para todos, la humanidad sea honesta y buena. Cuando salió el libro, muchas personas no habían oído la expresión **so long**.

Su amigo y alumno William Sloane Kennedy le preguntó a Whitman de dónde la había sacado y el poeta le dijo que era un saludo muy utilizado entre marineros, deportistas y prostitutas. Y que su sentido era el de **hasta luego, hasta que volvamos a encontrarnos.** Si se trata de una expresión de marineros, hay quien aventura que puede que sea una deformación sonora del oriental **salaam,** que ya hemos visto.

Marineros y viajes lejanos nos devuelven un poco al principio de este libro, que también ha sido un viaje a través del arte de encontrarse con una persona; no solo y no tanto con amigos y familiares, sino también con perfectos desconocidos, y compartir con ellos algunos pasos, un trozo de camino, hasta perderse de vista, hasta desearse, por ejemplo, *farewell*. **«Viaja bien»,** ya sin ayuda de un Dios ni de nadie más, tan solo el deseo de que tu viaje sea bueno.

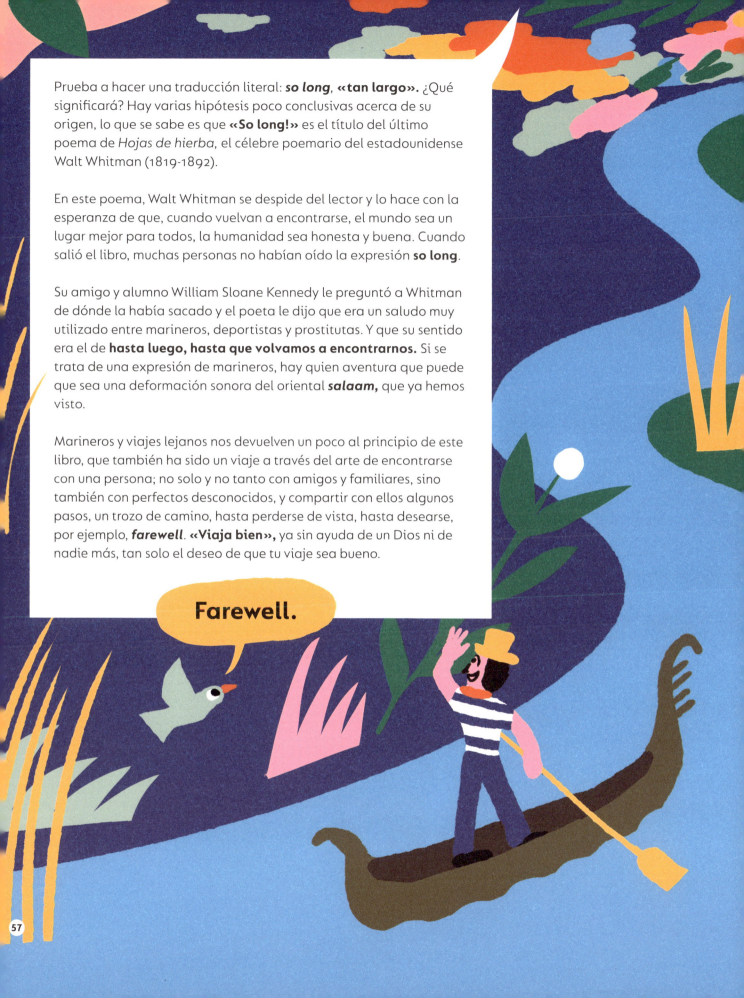

Para que así sea, uno hace todo lo posible, se prepara de la mejor manera compatiblemente con las circunstancias y prepara su equipaje. En el folclore ruso existe la tradición de sentarse sobre las maletas.

Cuando ya todo está listo para el viaje, antes de salir de casa, las personas que se marchan se sientan sobre las maletas y dejan pasar un rato en silencio. Esta costumbre puede tener diversos orígenes, pero tiene fuerza la hipótesis que la conecta con la creencia en los espíritus que habitan cada casa.

A estos espíritus les molesta mucho que una persona salga sin estar lista y vuelva a entrar... Si no están contentos, podrían amargarte el viaje. Así que mejor sentarse un rato sobre las maletas. Podría ser que se te acerque el espíritu de la casa para recordarte que te estás olvidando de algo antes de que sea demasiado tarde.

Así que me sentaré yo en la maleta antes de decirte adiós para repasar todo lo que hemos visto a lo largo de las páginas de este libro: hemos visto que cuando saludamos, lo hacemos llamando la atención del otro; lo hacemos demostrando que nos preocupa su bienestar; le deseamos salud; le deseamos armonía y paz; le deseamos que tenga un buen día por delante; celebramos la vida que se manifiesta en su persona. También nos ponemos a su servicio, a veces porque así lo deseamos, otras porque nos impulsan u obligan las convenciones sociales.

De cualquier manera que saludemos, bajamos nuestras defensas, nos acercamos a la otra persona y, durante un instante, generamos un contacto humano, le decimos al otro que reconocemos su presencia, que sabemos que nuestros caminos se han cruzado. Somos tan pequeños en un tiempo y espacio tan anchos, que estos contactos, aunque a veces sean breves, nos recuerdan que cada vida es importante.

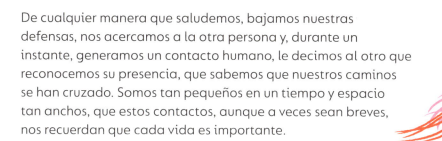

¡Hasta pronto, amigos!

A MODO DE BIBLIOGRAFÍA PARCIAL

Tal como te decía al principio, soy italiana y me encanta aprender idiomas. Las lenguas extranjeras siempre han estado ahí, en la voz de mi padre, que se puso a estudiar alemán porque quería cantar la *Novena sinfonía* de Beethoven, y en la de mi abuelo, que recitaba los poemas de Federico García Lorca en español. Es una cosa de familia.

Así que desde siempre me he dedicado a estudiar idiomas vivos (español, catalán, inglés, francés, alemán, chino, portugués), muertos (latín y griego antiguo) y a medias (sánscrito). Ahora mismo me he puesto a estudiar japonés. Trato de contarme el mundo a través de las lenguas que aprendo, porque cada idioma propone una peculiar y única visión de las cosas.

Muchas de las informaciones que aparecen en las páginas de este libro vienen de mis estudios y de algún que otro diccionario, como por ejemplo el diccionario de latín Badellino Calonghi (Rosenberg & Sellier, Turín, 1950), o el diccionario de inglés británico Oxford o el de inglés norteamericano Merriam-Webster.

Tengo que agradecerles informaciones y datos curiosos a personas amigas como Pau Estrada, Ina Hristova, Kristina Lund, Thomas Gustafson, Øyvind Borge, Günter Cepek, Koichiro Kashima, Margarita Asensio, Bernat Cormand, Gemma Barberà, la Fundación CNSE, o Carolina Ballester.

En algunos casos particulares encontrarás recursos fascinantes en sitios web como los siguientes:

Aquí el antropólogo lingüista Coleman Donaldson (también llamado Adama Diallo) enseña variedades dialectales de la lengua mandinga de África Occidental: https://www.ankataa.com/

Aquí, en cambio, de la mano de un joven egiptólogo, encontrarás todo lo que hace falta para aprender jeroglíficos: http://www.egyptianhieroglyphs.net/; mientras que este es un inagotable diccionario de los mismos: https://www.bibalex.org/learnhieroglyphs/Dictionary/SignSearch_En.aspx

También puedes acceder al trabajo histórico y artístico del fotógrafo Lamont Hamilton sobre el origen y la evolución del dap: https://www.lamonthamilton.com/, o a algo tan formal como el texto completo de la constitución de Hawái: https://lrb.hawaii.gov/constitution.

Algunos datos e historias vienen de la lectura de libros, novelas, obras de teatro y poesía; mientras que otros tantos vienen de ensayos, algunos particularmente entretenidos (pienso, por ejemplo, en *Tales of Hi and Bye* de Torbjörn Lundmark, Cambridge University Press, Cambridge, 2009).

Finalmente, algunas informaciones del libro las encontré en estudios de antropología como, por ejemplo:

«The Eyebrow Flash», artículo escrito por Irenäus Eibl-Eibesfeldt (capítulo 11 del libro *Non-Verbal Communication*, editado por R.A. Honde, Cambridge University Press, Cambridge, 1972)

We the Tikopia: A sociological study of kinship in primitive Polynesia, del etnólogo neozelandés Raymond Firth (Allen and Unwin, Londres, 1936)

«Oi?», artículo de Maria Cecilia Mollica, Rodrigo Alípio, Thaís Lofeudo, Samara Moura, en la *Revista do GELNE,* vol. 14, 2012

The Smell Report. The psychology and anthropology of scent, Kate Fox, www.sirc.org

ÍNDICE

CIAO!	7
NUESTROS CAMINOS SE ENCUENTRAN	**8**
ESTOY A TU DISPOSICIÓN	**10**
TE PRESENTO MIS RESPETOS	**12**
ESPERO QUE ESTÉS BIEN	**14**
DESEO QUE SEAS FELIZ	**20**
TE VEO	**24**
DE LOS PIES A LA CABEZA	**26**
BESOS DE NARIZ	**28**
ENTRE CEJA Y CEJA	**32**
A BASE DE BESOS	**36**
¡VENGA ESA MANO!	**40**
EL DÍA Y LA NOCHE	**48**
NUESTROS CAMINOS SE SEPARAN	**52**
A MODO DE BIBLIOGRAFÍA PARCIAL	60